BEI GRIN MACHT SICH IHR WISSEN BEZAHLT

- Wir veröffentlichen Ihre Hausarbeit,
  Bachelor- und Masterarbeit

- Ihr eigenes eBook und Buch -
  weltweit in allen wichtigen Shops

- Verdienen Sie an jedem Verkauf

Jetzt bei www.GRIN.com hochladen und kostenlos publizieren

Bibliografische Information der Deutschen Nationalbibliothek:

Die Deutsche Bibliothek verzeichnet diese Publikation in der Deutschen National-bibliografie; detaillierte bibliografische Daten sind im Internet über http://dnb.d-nb.de/ abrufbar.

Impressum:

Copyright © 2015 GRIN Verlag, Open Publishing GmbH
Druck und Bindung: Books on Demand GmbH, Norderstedt Germany
ISBN: 9783668277694

Dieses Buch bei GRIN:

http://www.grin.com/de/e-book/337900/sportanlagen-und-sportstaettenbau-kom-munale-entwicklungsplanung-betrieb

Sabrin Byaah

Sportanlagen- und Sportstättenbau. Kommunale Entwicklungsplanung, Betrieb und Vermarktung

GRIN Verlag

GRIN - Your knowledge has value

Der GRIN Verlag publiziert seit 1998 wissenschaftliche Arbeiten von Studenten, Hochschullehrern und anderen Akademikern als eBook und gedrucktes Buch. Die Verlagswebsite www.grin.com ist die ideale Plattform zur Veröffentlichung von Hausarbeiten, Abschlussarbeiten, wissenschaftlichen Aufsätzen, Dissertationen und Fachbüchern.

Besuchen Sie uns im Internet:

http://www.grin.com/

http://www.facebook.com/grincom

http://www.twitter.com/grin_com

Deutsche Hochschule für

Prävention und Gesundheitsmanagement

Hermann Neuberger Sportschule 3

66123 Saarbrücken

Einsendeaufgabe

Fachmodul:	Sportanlagen- und Sportstättenbau
Studiengang:	Sportökonomie
Datum **Präsenzphase**:	30.11. – 03.12. (rev.13)
Name, Vorname:	Byaah, Sabrin
Studienort:	**Stuttgart**
Semester:	**SS13**

Inhaltsverzeichnis

1 Sportanlagen- und Sportstättenbau

Nachfolgend werden die einzelnen Schritte beim Bau einer Sportstätte in Form eines PLANNET-Diagramms und einer Netzplantechnik visualisiert. Vorab sollte erwähnt werden, dass Sportanlagen- und Sportstättenbau in die Projektsparte einzuordnen sind. Nach DIN 69901-1 ist ein Projekt durch seine Einmaligkeit, einer genauen Zielvorgabe und einem vordefinierten Zeitraum charakterisiert (Deutsches Institut für Normung e.V., 2009). Ein Projekt hat im Wesentlichen folgende Merkmale die sich trotz verschiedener Definitionen wiederholen: Definition, Einmaligkeit, Dauer, Umfang, Risiken, Organisation und Innovation.

Zudem teilt man Projekte in vier Phasen ein, wobei die Begrifflichkeiten und die Reihenfolge Branchenabhängig variieren können (Kuster, et al., 2011). Zu den vier Phasen gehört zu Beginn die Projektdefinition, welche die Basis für alles Darauffolgende bildet. Man gliedert diese Phase zusätzlich in die Vorbereitung, die genauere Zieldefinierung und das Design des Projekts (Burghardt, 2013). In der nächsten Phase ist das Augenmerk auf die Projektplanung gelegt. Systematische Analysen und ein klarer Strukturaufbau für ein Projekt sind hierbei gefragt (Bea, Scheurer, & Hesselmann, 2011). Struktur- bzw. Aufgabenplanung, Personalplanung, Terminplanung und ergänzende Planungen gehören als Teilplanung in die Phase der Projektplanung (Olfert, 2012). Als nächster Schritt ist die Projektdurchführung zu nennen, welche als kosten- und zeitintensivste Phase angesehen wird (Dillerup & Stoi, 2013). Der zuvor festgelegte Projektplan wird hier realisiert (Schlaffke & Plünnecke, 2015). Als Kernaufgabe der vierten und letzten Phase, Projektkontrolle und -abschluss, zählt das Projektcontrolling (Dillerup & Stoi, 2013). Beim Projektcontrolling unterteilt man in die Beurteilung, die Kontrolle und die Steuerung eines Projekts (Kuster, et al., 2011).

PLANNET-Technik und Netzplantechnik ordnet man der Projektplanung zu. Die PLANNET-Technik gehört den Balkendiagrammen an und erweitert die Gantt-Technik um deren Defizite. Diese sind das verdeutlichen von Zeitreserven und der Abhängigkeit der Vorgänge untereinander (Olfert, 2012). Bei der Netzplantechnik werden Arbeitsgänge komplexerer Projekte veranschaulicht (Wöhe & Döring, 2010).

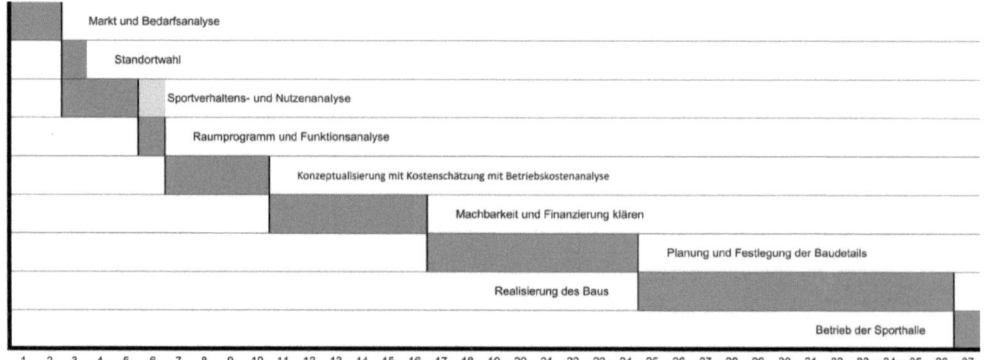

Abbildung 1: PLANNET - Diagramm des Sportstättenbaus (eigene Darstellung)

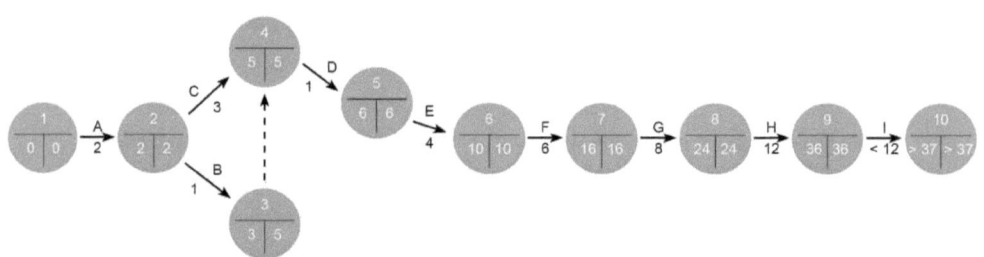

Abbildung 2: Netzplantechnik des Sportstättenbaus (eigene Darstellung)

Aus obigen Abbildungen wird ersichtlich, dass der frühestmögliche Zeitpunkt zur Inbetriebnahme der Sportanlage ab dem 37. Monat stattfinden kann. Alle notwendigen geplanten Baumaßnahmen sind mit dem 36. Monat abgeschlossen.

4

2 Kommunale Sportentwicklungsplanung

2.1 Grundformel zur Berechnung des Sportstättenbedarfs

Anhand des Sportentwicklungsplans der Stadt Aschaffenburg von Rütten et. al, soll die Grundformel zur Bedarfsermittlung des Sportstättenbaus dargestellt werden (Rütten, Ziemainz, & Hartwig, S. 160).

Formel 1: Formel zur Berechnung des Sportstättenbedarfs

$$Sportstättenbedarf = \frac{Sportbedarf \ x \ Zuordnungsfaktor}{Belegungsdichte \ x \ Nutzungsdauer \ x \ Auslastungsfaktor}$$

Um den Sportbedarf zu ermitteln, muss die ursprüngliche Formel von Rütten et. al. dargestellt und deren Parameter erklärt werden:

Formel 2: Formel zur Berechnung der Anlageneinheit

$$Anlageneinheit = \frac{Einwohner \ x \ Aktivenquote \ x \ Präferenzfaktor \ x \ Häufigkeit \ x \ Dauer \ x \ Zuordnungsfaktor}{Belegungsdichte \ x \ Nutzungsdauer \ x \ Auslastungsfaktor}$$

Die Parameter *Einwohner, Aktivenquote* und *Präferenzfaktor* werden zum Parameter Sportler zusammengefasst, dieser wiederrum mit dem Parameter *Häufigkeit* und *Dauer.* Zusammen gelten diese Parameter als **Sportbedarf** (Rütten, Ziemainz, & Hartwig, S. 158).

Sportler sind in diesem Fall alle sportaktiven Einwohner der Stadt, welche eine Hauptsportart ausüben. Es werden sowohl unorganisierte als auch organisierte Sportler gewertet. Die *Dauer* beschreibt die durchschnittliche aktive Zeitspanne in Stunden pro Woche und die *Häufigkeit* die Anzahl der Sportausübungen pro Woche.

Als weiterer Parameter gilt der **Zuordnungsfaktor**. Dieser ermittelt den Wert der jeweiligen Anteile der Sportaktivitäten einer Sportart innerhalb einer bestimmten Sportanlagenart. Unter der **Belegungsdichte** ist die Anzahl der Sportler, die zeitgleich dieselbe Sportart auf einer Sportanlage ausüben können, zu verstehen. Mit der **Nutzungsdauer** wird der zeitliche Umfang zur Nutzung einer Sportanlage für Sportzwecke in Stunden pro Woche ermittelt. Als letzter Parameter ist der Auslastungsfaktor zu nennen. Mit diesem berechnet man das Verhältnis der tatsächlichen zur maximalen Auslastung einer Sportanlage (Rütten, Ziemainz, & Hartwig, S. 155 ff.).

2.2 Berechnung des Sportstättenbedarfs

Die Formel zur Berechnung des Sportstättenbedarfs, wie sie in der vorherigen Aufgabe abgebildet wurde, muss nun zum errechnen des Auslastungsfaktors umgestellt werden, da der Sportstättenbedarf bereits mit einem Wert von 80 vorgegeben wurde.

Formel 3: Formel zur Berechnung des Sportbedarfs

$$Sportbedarf = Sportler \; x \; H\ddot{a}ufigkeit \; x \; Dauer = 26.000 \; x \; 1,6 \; x \; 1,7 = \textbf{70.720}$$

Die folgenden Werte der einzelnen Parameter wurden der vorgegebenen Tabelle entnommen:

Formel 4: Formel zur Berechnung des Auslastungsfaktors

$$Auslastungsfaktor = \frac{Sportbedarf \; x \; Zuordnungsfaktor}{Belegungsdichte \; x \; Nutzungsdauer \; x \; Sportst\ddot{a}ttenbedarf}$$

$$Auslastungsfaktor = \frac{70.720 \; x \; 0,5}{25 \; x \; 30 \; x \; 80} = \frac{35.360}{60.000} \approx \textbf{0,59}$$

Nach umstellen der Grundformel lässt sich ein gerundeter Wert von 0,59 für den Auslastungsfaktor ermitteln. Werte > 0,75 entsprechen einer hohen und Werte < 0,3 einer niedrigen Auslastung der Sportanlage. Somit ist der ermittelte Wert von 0,59 im mittleren Auslastungssegment.

2.3 Förderinteressenten

Als die drei Förderinteressenten von Sportstätten sind der Bund, die Bundesländer und Kommunen, die privaten Investoren und Public Private Partnership zu nennen.
Sportanlagen deutscher Spitzensportler/-innen können sich die Unterstützung des deutschen Staates zuziehen. Der **Bund** hilft bevorzugt der Sparte des Spitzensports auf Grund der Möglichkeit die Außenpräsenz vom Staat zu steigern (Bundesministerium des Inneren, 2014b).
Breitensport beschreibt den Behinderten- und Freizeitsport, dem alle Altersklassen unterliegen. Der eben genannte Breitensport wird von den jeweiligen **Bundesländern und Kommunen** bezuschusst. Dies hat den Grund, dass Breitensport jeglicher Art ein unab-

dingbarer Aspekt in der Förderung der Bewegung, sozialer Kompetenzen und der Gesundheit ist (Ministerium für Familie, Kinder, Jugendliche, Kultur und Sport des Landes Nordrhein-Westfalen, 2012).

Private Investoren bzw. Public Private Partnerships sind ebenfalls wichtige Förderinteressenten. Diese richten sich nach der Art der Sportstätte - kommunal oder gewerblich. Auf kommunaler Ebene sind **Public Private Partnerships** (PPP) oder öffentlich private Partnerschaften von großer Bedeutung. Grundgedanke einer PPP ist, in Zusammenarbeit mit der öffentlichen Wirtschaft, Ziele gemeinsam besser zu erreichen, in dem Ressourcen und Stärken beider Parteien eingesetzt und genutzt werden (Juraforum Wiki-Redaktion, 2013). Im Gegenzug dazu stehen die **privaten Investoren**. Unterschieden wir hier in Anleger, welche lediglich Kapital beisteuern und Geldgeber, welche sowohl Kapital als auch Know-How beisteuern können (Investorenmagazin24 Redaktion, 2015).

3 Betrieb von Sportanlagen

3.1 Betreibermodelle[1]

Sportanlagen wurden bis zum Ende des 20. Jahrhunderts noch von Kommunen gebaut und betrieben und von Vereinen oder Schulen genutzt (Kähler, 2011, S. 129). Mit dem Wandel der Zeit, änderte sich auch dieser Blickpunkt. Unterschieden werden die Betreibermodelle anhand ihres Verhältnisses zwischen Eigentümer und Betreiber von Sportstätten, aber auch der Investitions- und Folgekosten betreffend den Eigentümer, Betreiber und Nutzer (Bach, 2011). Man unterteilt die Modelle in öffentlich-rechtliche Betreiber, Kooperationsformen und private Betreiber.

Nachfolgend soll das zu recherchierende Modell grafisch dargestellt und erläutert werden.

Das Modell der Gemeinde Halstenbek lässt sich demnach dem öffentlich-rechtlichen Betreibermodell zuordnen. Halstenbek als Gemeinde schließt einen Public-Private-Partnership (PPP) Vertrag mit der GOLDBECK Public Partner GmbH für den Sporthallenbau

---

[1]Beschreibung basierend auf DG HYP 2015, https://www.dghyp.de/de/nc/download/o-effentliche-finanzierungen.html?download=Projektbeschreibung_3-Feld-Sport-halle_Halstenbek.pdf&did=23

und -betrieb. Sowohl Planung, Finanzierung als auch Er- und Einrichtung der Sporthalle läuft über den privaten Investor (Bundesministerium der Finanzen). Somit sichert sich die GOLDBECK GmbH das Betreiberrecht über eine Laufzeit von 25 Jahren. Hinzu kommen Zusatzaufgaben wie Hausmeisterdienste, Reparaturen, Reinigung und Weiteres.

Dennoch ist die Gemeinde Halstenbeck der Besitzer der Sporthalle. Diese bezahlt die monatlichen vereinbarten Raten bei der GOLDBECK Public Partner GmbH mit den Einnahmen der Nutzung der Sporthalle in Form von Vereinen und Schülern. Aber auch die GOLDBECK Public Partner GmbH hat monatliche Raten an die Deutsche Genossenschafts-Hypothekenbank (DG HYP) zu entrichten. Zudem wurde einem Einrede- und Einwendungsverzicht zugestimmt. Die GOLDBECK Public Partner GmbH kaufte die Forderungen aus dem PPP-Vertrag der DG HYP ab.

Nachstehend ist das Modell visuell veranschaulicht worden:

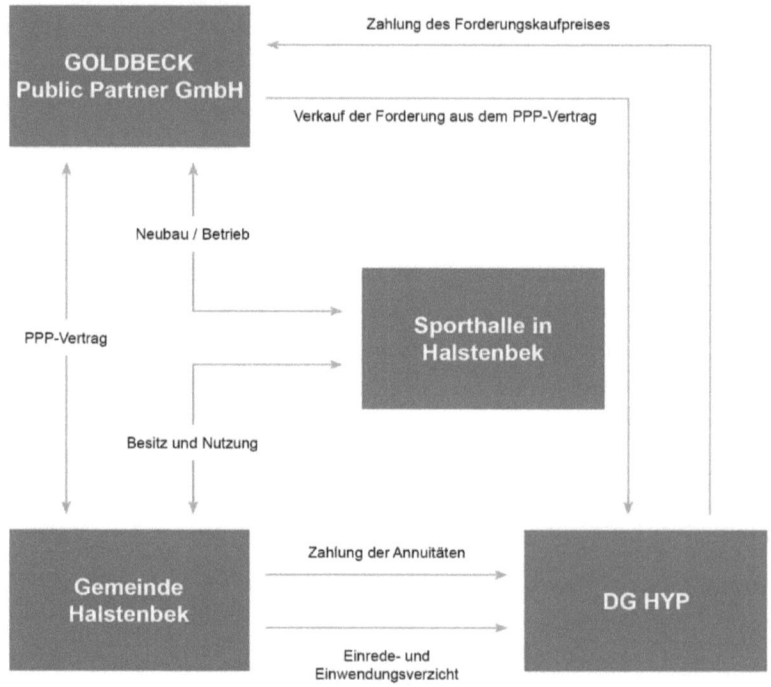

Abbildung 3: 3-Feld-Sporthalle Halstenbek, Betreibermodell (DG HYP, 2015)[2]

---

[2] DG HYP 2015, https://www.dghyp.de/de/nc/download/oeffentliche-finanzierungen.html?download=Projektbeschreibung_3-Feld-Sporthalle_Halstenbek.pdf&did=23

3.2 Auslastungsanalyse einer Sportanlage

Die Auslastungsanalyse vergleicht den Nutzenumfang mit der möglichen Maximalnutzung (Schlaffke & Plünnecke, 2015, S. 78). Nach Bach (2004a, S. 104) werden sowohl die Belegungsdichte, als auch die tatsächliche Nutzungszeit außer Acht gelassen. Dafür werden die Ist- und Soll-Nutzungsdauer und die Ist- und Soll-Belegungsdichte beachtet. Anhand dieser Faktoren ist es möglich eine Auslastung einer Sportanlage zu kalkulieren. Die optimale Auslastung ist erreicht, wenn beide Ist-Werte den dazugehörigen Soll-Werten entsprechen. Abweichungen bedeuten eine Unter- bzw. Überbelastung (2004a, S. 104).

Im Folgenden soll nun eine Auslastungsanalyse, mit vorgegebenen Werten einer Sportanlage mit programmierter Nutzung, berechnet werden.

Formel 5: Formel zur Berechnung der Auslastung einer Sportanlage

$$Auslastung = \frac{IST - Sportlerstunden\ pro\ Woche \; x\; 100}{SOLL - Sportlerstunden\ pro\ Woche}$$

Formel 6: Berechnung der SOLL-Sportlerstunden gesamt

$$SOLL - Sportlerstunden\ gesamt = \sum (SOLL - Dichte \; x \; SOLL - Dauer)$$

Formel 7: Berechnung der IST-Sportlerstunden gesamt

$$IST - Sportlerstunden\ gesamt = \sum (IST - Dichte \; x \; IST - Dauer)$$

Formel 8: Berechnung der Auslastung einer Sportanlage

$$Auslastung = \frac{(1,5\; x\; 15) + (2,5\; x\; 15) + (2\; x\; 16) + (1\; x\; 5)\; x\; 100}{(1,5\; x\; 10) + (1,5\; x\; 15) + (2,5\; x\; 20) + (2\; x\; 15) + (1\; x\; 15)} = \mathbf{73,2\; \%}$$

Tabelle 1: Auslastungsanalyse Rechnungsweg (abgeleitete Darstellung)

Belegungszeitraum			Belegung			
					Belegungsdichte (Spo / A)	
		Stunden	Sportart		Ist	Soll
MO	17:00 – 18:30 Uhr	1,5	Handball		15	10
DI	20:00 – 21:30 Uhr	1,5	keine		-	15
MI	19:00 – 21:30 Uhr	2,5	Basketball		15	20

| DO | 20:00 – 22:00 Uhr | 2,0 | Fußball | 16 | 15 |
| FR | 19:00 – 20:00 Uhr | 1,0 | Badminton | 5 | 15 |

Maximale Nutzungskapazität: 82 %

	Auslastung	
	Ist	Soll
Nutzungsdauer insgesamt (Std. / Wo)	5,5	8,5
Sportler insgesamt (Spo)	51	75
Sportlerstunden (Spo x Std / Wo)	97	132,5
Auslastung in %	73,2 %	
Kapazitätsreserve	8,8 %	

Die Auslastung der Sportanlage liegt bei 73,2 %, da nur 51 von 75 Sportlern die Anlange und die damit verbundenen Sportangebote nutzen. In Sporthallen wird nach Bach (2004a, S. 111) mit einer 75 - 80-pozentigen Soll-Auslastung kalkuliert, in diesem Beispiel wird eine Nutzungskapazität von 82 % vorgegeben. Somit besteht eine Kapazitätsreserve von 8,8 %.

3.3 Auslastungsoptimierung

Tabelle 2: Auslastungsanalyse optimierter Rechnungsweg (abgeleitete Darstellung)

Belegungszeitraum		Belegung			
				Belegungsdichte (Spo / A)	
		Stunden	Sportart	Ist	Soll
MO	17:00 – 18:30 Uhr	1,5	Badminton	5	10
DI	20:00 – 21:30 Uhr	1,5	Handball	15	15
MI	19:00 – 21:30 Uhr	2,5	Fußball	16	20
DO	20:00 – 22:00 Uhr	2,0	Basketball	15	15
FR	19:00 – 20:00 Uhr	1,0	keine	-	15

Maximale Nutzungskapazität: 82 %

	Auslastung	
	Ist	Soll
Nutzungsdauer insgesamt (Std. / Wo)	6,5	8,5
Sportler insgesamt (Spo)	51	75
Sportlerstunden (Spo x Std / Wo)	100	132,5
Auslastung in %	75,5 %	
Kapazitätsreserve	6,5 %	

Die Kapazitätsreserve kann im Gegensatz zum ersten Schaubild um 2,3 % optimiert werden. Dies geschah mit der Umlegung der Sportarten. Handball findet nun dienstags mit einer 100-prozentigen Auslastung in der Belegungsdichte, ebenso wie die Basketballgruppe donnerstags mit nun 0,5 Stunden mehr Belegungszeitraum. Mit 0,5 Stunden mehr Spielzeit befindet sich montags die Badmintongruppe, welche nun nur 5 von 10 anstatt 5 von 15 Sportlern zu belegen hat. Mittwochs wurde die Gruppe mit der größten Anzahl an Sportlern in den Belegungszeitraum mit der höchsten Belegungsdichte und der längsten Spielzeit platziert – die Fußballgruppe. Da ein Tag unbesetzt bleiben muss, wurde hier die geringste Stundenzahl gewählt.

Mit dieser Belegung erhöht man die IST-Nutzungsdauer um 1,0 Stunden pro Woche, die Sportlerstunden um 3,0 Stunden pro Sportler mal Stunden pro Woche und die Kapazitätsreserve um 2,3 % auf 6,5 %.

Die IST-Auslastung hat sich somit um 1,8 % gesteigert, was mit der neuen Belegung einhergeht, welche bereits erklärt wurde. Zusätzlich lässt sich sagen, dass die Gruppen mit einer höheren Belegungsdichte nun Belegungszeiträumen zugeteilt wurden mit einer verbesserten Auslastung und Spielzeitlänge. Dafür wurde die Gruppe mit der geringsten Belegungsdichte dem Belegungszeitraum mit der niedrigsten maximalen Belegungsdichte zugeordnet. Zuletzt wurde darauf geachtet, dass der kürzeste Zeitraum der zur Verfügung stand – 1,0 Stunden Belegungszeitraum – leer steht.

Eine Steigerung der Auslastung ist lediglich mit der Belegung am Freitag, einer weiteren Gruppe, möglich oder mit der Erhöhung der Sportleranzahl der anderen Gruppen mit Beachtung der Soll-Belegungsdichte.

3.4 Nachhaltigkeit von Sportstätten

Im „Leitfaden für umweltfreundliche Sportgroßveranstaltungen" vom Deutschen Olympischen Sportbund findet man Umweltkonzepte basierend auf Erfahrungen bisheriger Sportgroßveranstaltungen vergangener Jahre. Ergebnisse vom Forschungsvorhaben „Stoffstromanalysen zur Beurteilung der Umweltbelastung von Sportgroßveranstaltungen" fließen zusätzlich mit in die Entwicklung des Leitfadens (Schmied, et al., 2007, S. 22).

Innerhalb des Leitfadens werden zehn umweltrelevante Bereiche von Sportgroßveranstaltungen erläutert, diese können je nach Sportart und Veranstaltungsform nicht wünschenswerte Effekte für die Umwelt mit sich bringen (Schmied, et al., 2007, S. 13).

11

3.4.1 Lösungen ökologischer Auswirkungen von Sportgroßveranstaltungen

Im Folgenden sollen die zehn Punkte kurz erklärt werden, um mögliche Lösungen zu bestimmen. Der Inhalt bezieht sich auf 154 Sportgroßveranstaltungen aus dem Jahr 2005.

Punkt 1, der **Klimaschutz**, beschreibt die Problematik der Treibhausgase und Emissionen. Sogenannte Side-Events, welche neben der eigentlichen Hauptattraktion stattfinden, sind große Probleme. Insgesamt kommen rund 300.000 t Treibhausgase zustande.

Wichtig ist, dass es keine Vermeidung von Emissionen gibt, aber dennoch eine klimaneutrale Lösung. Durch die Aussiedlung von Projekten können die Treibhausgase reduziert werden (Schmied, et al., 2007, S. 14).

Der **Verkehr** war für ungefähr 95 % der produzierten Treibhausgase verantwortlich. Pro Besucher waren das circa 8,0 kg Treibhausgase und 100 kg Emissionen, u.a. bedingt durch die Flugreisen von internationalen Teilnehmern.

Beim optimieren des Verkehrs sind die Ansprüche und Meinungen der Besucher zu bedenken. Ein umweltfreundliches Verkehrskonzept und die Nutzung von öffentlichen Verkehrsnetzen kann ein Lösungsweg sein (Schmied, et al., 2007, S. 15).

Als drittes wird die **Energie** genannt. Sparsamkeit und Effizient des Energieverbrauchs entscheiden über Kosten und den möglichen Beitrag zum Klimaschutz. Dabei ist zu bedenken, dass man mit Strom und Wärme sorgfältig umgeht. Knapp 16 Millionen kWh für Strom und 8 Millionen kWh für Wärme wurden bei den genannten Sportgroßveranstaltungen in Summe verbraucht.

Zuerst einmal ist der Energieverbrauch Sportstättenabhängig. Hierbei sind Outdoor-Veranstaltungen von Indoor-Veranstaltungen zu unterscheiden. Zusätzlicher Energiebedarf fällt beim Catering an (Schmied, et al., 2007, S. 16).

Auch der **Abfall** ist ein wichtiger, zu erwähnender Teil der ökologischen Auswirkungen. Große Mengen an Müll und damit einhergehende Diskussionen in der Öffentlichkeit sind ein kritisches Thema. Durchschnittlich entstehen 19 t Abfall bei einer Sportgroßveranstaltung.

Für das Abfallproblem gibt es jeder Menge bewährter Maßnahmen zur Reduzierung des Mülls. Unter anderem sind Mülltrennung und Mehrwegbecher zu nennen, aber auch Aktivitäten die vorweg die Müllproduktion vermeiden (Schmied, et al., 2007, S. 16).

Materialverbrauch bezieht sich auf Baumaterial jeglicher Art, aber auch temporäre Einrichtungen. Diese Materialien werden ausschließlich für den Bau verwendet und werden nach der Veranstaltung wieder entfernt.

Wichtig hierbei ist es den Materialbedarf so gering wie möglich zu halten, um die Umwelt zu schonen und Kosten zu reduzieren. Auch die Auswahl der Materialien ist von großer Bedeutung. Recyclebare Stoffe oder jene die umweltfreundlich entsorgt werden können, sollten hier in Betracht gezogen werden (Schmied, et al., 2007, S. 17).

Beim **Wasserverbrauch und –bedarf** ist zu bedenken, dass es sich hierbei um eine kostbare Ressource handelt, dennoch aber unverzichtbar ist. Große Mengen werden beispielsweise bei Kunstschnee, Beregnung von Fußballfeldern und Golfanlagen verbraucht. So entstanden bei Sportgroßveranstaltungen ein Wasserverbrauch von rund 90.000 m³.

Damit nicht das wertvolle Trinkwasser in Unmengen verbraucht wird, kann hier auf Regen-, Oberflächen- und Brunnenwasser umgeschwenkt werden. Auch das Investieren von Zisternen rechnet sich in nur wenigen Jahren. Durchflussbegrenzer und Trockenurinale helfen beim Wassersparen in Sanitäreinrichtungen (Schmied, et al., 2007, S. 17).

Bedenklich ist auch die Platzorganisation von Großveranstaltungen. Zumeist wird eine große Fläche benötigt, welche beim Thema **Natur und Landschaft** bedacht werden sollen. Vegetationsschäden, Störungen geschützter Tierarten, Flächenversiegelung und der Eingriff in den Wasserhaushalt sind kritisch zu behandelte Punkte.

Für einen möglichst geringen Eingriff in die Natur und Umwelt, gibt es gesetzlich geregelte Beschlüsse vom Gesetzgeber im Bundesnaturschutzgesetz. So sehen Gesetze vor, dass vermeidbare Beeinträchtigungen in der Natur vermieden werden müssen (Schmied, et al., 2007, S. 18).

Innerhalb des Themas **Lärm**, werden Probleme wie Lärmimmissionen bezogen auf betroffene Anwohner und Geräuschemissionen bezüglich Wildtiere behandelt.

Da Lärm als Subjektiv von Mensch zu Mensch unterschiedlich empfunden werden kann, ist es schwierig hier klare Grenzen zu ziehen. Ausnahmefälle sind hohe Lautstärken, welche das Gehör schädigen können (Schmied, et al., 2007, S. 18).

Auch das **Catering**, die **Beschaffung und** das **Merchandising** hat relevante ökologische Auswirkungen bei Sportgroßveranstaltungen.

Herkunft, Qualität und Produktionsweise der Lebensmittel spielt eine wichtige Rolle. Bereits beim Anbau, der Viehzucht und der späteren Weiterentwicklung der Produkte sollte mit äußerster Sorgfalt gehandelt werden. Zudem spielen auch moralische und ethische Aspekte bei Beschaffung und Merchandising, wie der Verzicht auf Kinderarbeit, eine Rolle (Schmied, et al., 2007, S. 19).

Nachdem die ökologischen Auswirkungen und ihre Lösungen aufgezeigt wurden, soll nun die erste von fünf Phasen kurz erläutert werden. In diesen Phasen sind Maßnahmen genannt, die sich innerhalb des Leitfadens in die Phase Bewerbung und Konzept, Bau / Umbau / Erweiterung von Sportstätten, Planung der Veranstaltung, Durchführung und Nachnutzung / Rückbau gliedern. In der Phase der Bewerbung und Konzept findet man Anhaltspunkte und Ideen für jene, welche sich grundsätzlich mit dem Thema umweltverträgliche Sportgroßveranstaltungen auseinandersetzen wollen (Schmied, et al., 2007, S. 23). Zudem findet man in jeder Phase übersichtliche Tabellen zum Abschluss die einer Art Checkliste gleicht, anhand derer man sich orientieren kann. Dennoch sollte man sich bei der Umsetzung auf einige Schwerpunkte festlegen und sich einen Fokus setzen. Zuletzt ist zu sagen das es sich hier lediglich um einen Leitfaden also Richtlinien handelt, nicht um ein Lexikon aller rechtlichen Anforderungen und denkbaren Maßnahmen (Schmied, et al., 2007, S. 24).

3.4.2   Phase 1: Bewerbung und Konzept

Zu Begin lässt sich anmerken, dass einige Sportgroßveranstaltungen bereits Pflichtheften unterliegen. Hierzu gehören beispielsweise der Ski-Verband FIS oder das internationale Olympische Komitee IOC. Andere Bereiche können im Großen und Ganzen freier mit diesem Thema umgehen, dennoch gibt es Gesetze, Vorschriften und Satzung an die sich Veranstalter zu halten haben.

Für die Umsetzung und Einhaltung von umweltfreundlichen Maßnahmen ist es von Vorteil, bei großen Veranstaltungen einen Hauptverantwortlichen zu ernenne oder gar ein eigenes Ressort im Organisationskomitee zu errichten. Gut, bei großen Events, ist es einen Umweltbeirat unter Beteiligung der Umwelt- und Naturschutzverbänden zu gründen (Schmied, et al., 2007, S. 27 f.).

3.4.2.1   Ziele in Phase 1 „Bewerbung und Konzept" hinsichtlich des Baus / der Ressourcen und des Verkehrs

Innerhalb der erste Phase bezogen auf den Bau und die Ressourcen ist zu bedenken, dass bei der Planung einer Sportstätte für Großevents, Konzepte ökologisch und ökonomisch durchdacht werden und einer kritischen Bedarfsplanung unterzogen werden. Das Ziel bei diesem Punkt ist eine nachhaltige Nutzung, sprich die Planung einer sinnvollen Anlagen(nach)nutzung. Temporäre Einrichtungen sollten ebenfalls bedacht werden, denn hier ist es wichtig beim Bau ökologisch unbedenkliche Materialien, Elemente und Einrichtungen zu verwenden.

Verkehr ist ebenso ein großes Thema, bei dem es einer ökologisch effizienten Planung bedarf. An- und Abreiseverkehr sollte, wenn nicht zu vermeiden, umweltfreundlich gestaltet werden. Ziele sind zum einen der Ausbau des Umweltverbundes, wie öffentliche Verkehrsmittel, Fahrrad- und Fußwege. Zum anderen sollen die Klimafolgen des Verkehrs reduziert werden und zuletzt der Schutz der Anwohner, bei dem es darum geht die Belastung des An- und Abreiseverkehrs zu minimieren (Schmied, et al., 2007, S. 30).

4 Vermarktung von Sportanlagen und Sportstätten

4.1 Vermarktung von Sportanlagen und Sportstätten

Aus Sicht der Sportanlagenbetreiber bestehen im Rahmen der Vermarktung von Sportanlagen und Sportstätten an Unternehmen die Möglichkeiten der Multifunktionalität, des Hospitality und des Namingright-Sponsorings.

Unter dem Punkt **Multifunktionalität** versteht man eine mehrfache Nutzungsmöglichkeit von Sportanlagen und Sportstätten. So können Anlagen u.a. auch für Veranstaltungen jeglicher Art im sportlichen und nicht-sportlichen Bereich genutzt werden (Schlaffke & Plünnecke, 2015, S. 115). Erweiterungen oder Umbaumaßnahmen innerhalb einer Anlage können zu zusätzlichen wirtschaftlichen Erlöspotentialen. Permanente Nutzungen werden hier als Rand- bzw. Mantelnutzung gekennzeichnet. Man zählt hier beispielsweise den Fanshop, ein Restaurant oder Hotel dazu beitragen (Bielzer & Wadsack, 2011, S. 100). Durch eine verbesserte Infrastruktur und das Organisieren von Veranstaltungen lässt sich somit auch an spielfreien Tagen das Geschäftsfeld der Anlage stabilisieren und Erlöse einbringen (Partecke, Pundt, & Pauer, 2013b, S. 24).

Im Punkt **Hospitality Marketing** ist zwischen zwei Varianten zu unterscheiden. Man teilt das Hospitality in Komfort, was das angenehme gestalten von Events beinhaltet, und in Exklusivität, was die Sonderbehandlung von Kunden gegenüber anderen Besuchern meint, auf (Schlaffke & Plünnecke, 2015, S. 126).

Beim **Namingright-Sponsoring** handelt es sich um die Vergabe von Namensrechten bei Sportanlagen (Schlaffke & Plünnecke, 2015, S. 119). Diese Form des Sponsorings ist relativ jung und machte in Deutschland 1993 seine Anfänge mit dem Gottlieb-Daimler-Stadion. Vorteile sind die Steigerung des Bekanntheitsgrades und das Ansprechen von Kunden (Fischer, 2007, S. 164). Als Ziel, aus Sicht des Sportanlagen-Eigentümers, wird die Vergabe des Namensrechts an einen Dritten gesehen. Dadurch entsteht eine Finanzierungsmöglichkeit. Rechtlich gesehen entsteht bei der Namensrechtvergabe ein Pachtvertrag zwischen Eigentümer und Käufer des Namensrechts über einen definierten Zeitraum (Klingmüller, 2006, S. 48).

Neben diesen drei erläuterten Aspekten spielen noch drei weitere eine Rolle bei der Vermarktung von Sportanlagen und Sportstätten. Diese sollen nun kurz erwähnt werden.

Eventorientiertes Marketing ähnelt der Multifunktionalität, denn mit verschiedenen Events soll es dem Sportanlagenbetreiber möglich sein, verschiedene Zielgruppen anzusprechen. Man unterscheidet in Eventmarketing, dem vermarkten von Events, und dem Marketing-Event, was ein Marketing mit Events beschreibt (Freyer, 2011, S. 549).

Im Bereich **Ticketing** handelt es sich um den Verkauf von Zugangsrechte zu einer Sportveranstaltung (Bezold, S. 245). Gegliedert wird hier in die Produktpolitik, diese kennzeichnet die Arten der Eintrittskarten wie beispielsweise Tages- oder Dauerkarten. Im Bestandteil Kontrahierungspolitik werden die Preisgestaltung und die Steuerung der Kapazität vorgenommen. Als nächstes ist die Distributionspolitik zu nennen. Diese zeigt Distributionswege auf und zeigt die Auswahl der Verkaufskanäle. Im letzten Punkt – die Kommunikationspolitik – wird über die Werbepolitik entschieden (Chatrath, 2014a, S. 3f).

Mit der **Digitalisierung** als Aspekt der Vermarktung von Sportstätten und –anlagen ist zu sagen, dass die Bedeutung auch für Sportstättenbetreiber immer mehr zunimmt (Pundt, Partecke & Pauer, 2014a, S. 62). Um dem Besucher ein neues Erlebnisgefühl zu vermitteln, hat der Betreiber die Möglichkeit durch die Vernetzung diverser Leistungskomponenten und Nutzungsmöglichkeiten eine Grundlage zu schaffen (Pauer, Pundt, & Partecke, 2014a, S. 44-45)

4.2 Bedeutung der Aspekte

Am Beispiel der Schwalbe-Arena der Stadt Gummersbach soll der Aspekt der **Multifunktionalität** kurz geschildert werden. Sommer 2013 wurde auf dem Steinmüllergelände die Mehrzweckhalle errichtet. Mittelpunkt sind die Handball-Erstligisten VfL Gummersbach und ihre rund 4.000 Fans aber auch die ortsansässigen Schulen. Die Halle kann in vier Nutzungseinheiten unterteilt werden. Diese Art der Halle zählt laut Schlaffke & Plünnecke (2015, S. 115) zu den großen Multifunktionshallen, da nicht nur Events aus dem Sportbereich, sondern in diesem Fall auch Unterhaltungs- und Musikveranstaltungen, Ausstellungen und Kleinmessen, Firmenveranstaltungen oder themengastronomische Veranstaltungen stattfinden können (Schwalbe Arena, 2014). Zudem ist die Schwaben-Arena eine Erweiterung der denkmalgeschützten Halle 32. Dies hat die Vorteile das Einnahmen zusammenfließen und ein noch größeres Leistungsspektrum geboten werden kann. Zusätzliche Haupteinnahmequellen sind beispielsweise das Restaurant 32 Süd, die Kulturwerkstatt 32 mit diversen kulturellen Angeboten und die Möglichkeit verschiedene Events, ob privat oder geschäftlich, zu veranstalten (Rösner, Kuchejda, & Helmenstein, 2016).

Vorteil für den Eigentümer der beiden Hallen ist das große Spektrum an Angeboten, wodurch eine Vielzahl von Zielgruppen abgedeckt werden und somit gute Einnahmen gewährleistet.

Der KSC wirbt auf dessen Webseite mit dem Business Hospitality – somit befindet sich der KSC im Bereich des exklusiven **Hospitality Marketing** (Schlaffke & Plünnecke, 2015, S. 126). Angeboten werden, zusätzlich zu einem für alle Business VIP Kunden zugänglichen Buffet, Logen, welche außerhalb der Spieltage für etwaige Veranstaltungen genutzt werden können, die Betten-Ritter- und Südwestbank-Lounge, Orte, um Geschäftskontakte zu knüpfen und Spieler zu treffen (Bock, 2015).

Durch diese Marketingmaßnahme kann der Anlagenbesitzer die Kundenbindung zu Geschäftsleuten stärken und profitiert von den Einnahmen die daraus resultieren.

2015 wurde der Name der Berliner Ostbahnhofhalle von o2-World in Mercedes-Benz Arena umbenannt. Der Automobilkonzern sicherte sich somit das **Namensrecht** von 20 Jahren, laut einer Presseerklärung. Zahlreiche Veränderungen stehen der Arena und der Stadt Berlin bevor. Vom Ändern der Straßennamen über die Umgestaltung der Außenreklame bis hin zur Farbanpassung der Bestuhlung von o2 blau zu Mercedes Anthrazit. Mercedes-Benz ist bereits Partner einer Arena in Shanghai und seit 2012 Automobilpartner der Berliner Arena. Hauptnutzer der Halle sind der Eishockeyverein Eisbären Berlin und die Basketballmannschaft Alba Berlin (Seeling, 2015). Die Mercedes-Benz Arena zählt zudem zu den erfolgreichsten Multifunktionsarenen weltweit und kostete rund 165 Millionen Euro (Anschutz Entertainment Group Development GmbH, kein Datum).

Aufgrund der langjährigen Vertragspartnerschaft zu Mercedes Benz hat der Besitzer der Arena einen gesicherten Geldzufluss. Nicht ersichtlich ist, in welcher Form dieser geleistet wird.

5   Literaturverzeichnis

Anschutz Entertainment Group Development GmbH. (kein Datum). *Mercedes Benz Arena Berlin*. Abgerufen am 19. 01 2016 von http://www.mercedes-benz-arena-berlin.de/die-arena/daten-fakten

Bach, L. (2004a). Nutzung von Sportstätten - Formen der Nutzung und Analyse der Auslastung. In L. Hessen (Hrsg.), *Sportstätten-Management. Neue Wege für vereinseigene und kommunale Sportstätten* (1. Ausg., Bd. 6, S. 97-112). Frankfurt am Main, Hessem, Deutschland: Meyer und Meyer.

Bach, L. (2011). Sportstätten-Management – eine Gemeinschaftsaufgabe im Sport. *Referat auf der 7. Landessportkonferenz des Landes Brandenburg*. Potsdam.

Bea, F. X., Scheurer, S., & Hesselmann, S. (2011). *Projektmanagement* (2. überarb. u. erw. Ausg.). Stuttgart, Baden-Württemberg, Deutschland: Lucius & Lucius.

Bezold, T. (kein Datum). Vermarktung und Management von Zugangsrechten im Sport. In A. Hermanns, & F. Riedmüller (Hrsg.), *Management-Handbuch Sport-Marketing* (2. vollst. überarb. Ausg., S. 245-254). München, Bayern, Deutschland: Verlag Franz Vahlen.

Bielzer, L., & Wadsack, R. (2011). Betriebswirtschaftliche Herausforderungen des Managements von Sport- und Veranstaltungsimmobilien. In L. Bielzer, & R. Wadsack (Hrsg.), *Betrieb von Sport- und Veranstaltungsimmobilien-Managementherausforderungen und Handlungsoptionen* (1. Ausg., Bd. 3, S. 53-128). Frankfurt am Main, Hessen, Deutschland: Peter Lang.

Bock, J. (2015). *KSC - Business VIP Hospitality*. Von http://www.ksc.de/business/vip-hospitality/uebersicht/ abgerufen

Bundesministerium des Inneren. (2014b). *Sportpolitik des Bundes*. Abgerufen am 29. 12 2015   von http://www.bmi.bund.de/DE/Themen/Sport/Sportpolitik/sportpolitik_node.html

Burghardt, M. (2013). *Einführung in Projektmanagement: Definition, Planung, Kontrolle und Abschlus* (6. aktualis. u. erw. Ausg.). Erlangen, Bayern, Deutschland: Publicis Publishing.

Deutsches Institut für Normung e.V. (2009). Projektmanagement - Projektmanagementsysteme - Teil 1: Grundlagen. In *DIN 69901-1: 2009-01 (D)* (Bd. 01, S. 3-10). Berlin: Beuth Verlag.

Dillerup, R., & Stoi, R. (2013). *Unternehmensführung* (4. überarb. u. erw. Ausg.). München, Bayern, Deutschland: Verlag Franz Vahlen.

Fischer, A. (2007). Namingright-Sponsoring - Die AWD-Arena als Plattform für vernetzte Kommunikation. In D. Ahlert, D. Woisetschläger, & V. Vogel, *Exzellentes Sponsoring. Innovative Ansätze und Best Practise für das Markenmanagement* (2. überarb. u. erw. Ausg., S. 161-176). Wiesbaden, Bayern, Deutschland: Deutscher Universitäts-Verlag.

Freyer, W. (2011). *Sport-Marketing, Modernes Marketing-Management für die Sportwirtschaft* (4. neu bearb. Ausg.). Berlin, Berlin, Deutschland: Erich Schmidt Verlag.

Investorenmagazin24 Redaktion. (2015). *Investoren für die Existenzgründung finden.* (Angel Data Club Ltd.) Abgerufen am 23. 01 2016 von http://www.investorenmagazin24.de/

Juraforum Wiki-Redaktion. (01. 06 2013). *Public Private Partnership - PPP.* (Jura Forum) Abgerufen am 29. 12 2015 von http://www.juraforum.de/lexikon/public-private-partnership

Kähler, R. (2011). Betreibermodelle für Sportimmobilien. In L. Bielzer, & R. Wadsack (Hrsg.), *Betrieb von Sport- und Veranstaltungsimmobilien: Managementherausforderungen und Handlungsoptionen (Blickpunkt Sportmanagement)* (1. Ausg., Bd. 3, S. 129-146). Frankfurt am Main, Hessen, Deutschland: Peter Lang.

Klingmüller, A. (2006). Auswuchs der Kommerzialisierung des Sports. *SPONSORS, 07*(11), S. 48.

Kuster, J., Huber, E., Lippmann, R., Schmid, A., Schneider, E., Witschi, U., & Wüst, R. (2011). *Hanbuch Projektmanagement* (3 Ausg.). Berlin, Heidelberg, Deutschland: Springer Verlag.

Ministerium für Familie, Kinder, Jugendliche, Kultur und Sport des Landes Nordrhein-Westfalen. (2012). *Breitensport in NRW.* Abgerufen am 29. 12 2015 von http://www.sportland.nrw.de/sportpolitik/breitensport-in-nrw.html

Olfert, K. (2012). *Kompakt-Training Projektmanagement* (8. aktualis. Ausg.). (K. Olfert, Hrsg.) Herne, Nordrhein-Westfalen, Deutschland: NWB Verlag GmbH & Co. KG.

Partecke, I., Pundt, G., & Pauer, C. (2013b). Stadien und Multifunktionalität - welche Nutzung ist nützlich. (T. Krämer, Hrsg.) *Stadionweltinside*, S. 22-24.

Pauer, C., Pundt, G., & Partecke, I. (2014a). Connected Stadium - mit Mobilfunk, Apps und Wlan in die Zukunft. *Stadionweltinside, 1*, S. 44-51.

Rösner, U., Kuchejda, M., & Helmenstein, F. (2016). *Halle 32*. Abgerufen am 21. 01 2016 von http://www.halle32.de/index.php?id=54

Rütten, A., Ziemainz, J., & Hartwig, N. (kein Datum). *Sportentwicklungsplan der Stadt Aschaffenburg*. Institut für Sportwissenschaft und Sport Universität Erlangen-Nürnberg. Friedrich-Alexander-Universität Erlangen-Nürnberg.

Schlaffke, W., & Plünnecke, A. (2015). *Sportanlagen- und Sportstättenmanagement* (13.013.000 Ausg.). Saarbrücken, Saarland, Deutschland: Deutsche Hochschule für Prävention und Gesundheitsmanagement.

Schmied, M., Hochfeld, C., Stahl, H., Roth, R., Armbruster, F., Türk, S., & Friedl, C. (2007). *Green Champions für Sport und Umwelt* (1. Ausg.). Bundesministerium für Umwelt, Naturschutz und Reaktorsicherheit.

Schwalbe Arena. (04 2014). *Schwalbe Arena*. Abgerufen am 21. 01 2016 von http://www.schwalbe-arena.de/ueber/

Seeling, B. (21. 01 2015). *Der Tagesspiegel*. Abgerufen am 19. 01 2016 von http://www.tagesspiegel.de/berlin/neuer-name-der-o2-world-in-berlin-arena-am-ostbahnhof-unter-neuem-stern/11259252.html

Wöhe, G., & Döring, U. (2010). *Einführung in die Allgemeine Betriebswirtschaftslehre* (24. überarb. u. aktualis. Ausg.). München, Bayern, Deutschland: Verlag Franz Vahlen.

6 Abbildungs- und Tabellenverzeichnis

6.1 Abbildungsverzeichnis

6.2 Formelverzeichnis